Lena Lindemann

Werturteilskompetenz im Geschichtsunterricht

GRIN Verlag

Bibliografische Information der Deutschen Nationalbibliothek:

Die Deutsche Bibliothek verzeichnet diese Publikation in der Deutschen National-
bibliografie; detaillierte bibliografische Daten sind im Internet über http://dnb.d-
nb.de/ abrufbar.

Impressum:

Copyright © 2013 GRIN Verlag GmbH
Druck und Bindung: Books on Demand GmbH, Norderstedt Germany
ISBN: 978-3-656-95758-4

GRIN - Your knowledge has value

Der GRIN Verlag publiziert seit 1998 wissenschaftliche Arbeiten von Studenten, Hochschullehrern und anderen Akademikern als eBook und gedrucktes Buch. Die Verlagswebsite www.grin.com ist die ideale Plattform zur Veröffentlichung von Hausarbeiten, Abschlussarbeiten, wissenschaftlichen Aufsätzen, Dissertationen und Fachbüchern.

Besuchen Sie uns im Internet:

http://www.grin.com/

http://www.facebook.com/grincom

http://www.twitter.com/grin_com

Universität Vechta
Institut für Geistes- und Kulturwissenschaften
Abteilung für Kulturgeschichte und vergleichende Landesforschung
Seminar: GSM-1.1: Ausgewählte didaktische Aspekte des kompetenzorientierten
Geschichtsunterrichts

Hausarbeit:

Werturteilskompetenz im Geschichtsunterricht

Abgabedatum: 30.03.13

Inhaltsverzeichnis

1. Einleitung

Der gegenwärtige Geschichtsunterricht in Niedersachsen unterliegt vielen Bestimmungen der KMK. Diese regeln, wie der Unterricht von den Schulen und Lehrkräften schülerzentriert und kompetenzorientiert zu gestalten ist. Zu den Aufgaben eines kompetenzorientierten Geschichtsunterrichts gehört es nach diesen Bestimmungen, Schüler[1] zu einem historischen Reflektieren und Urteilen zu befähigen, er soll sie zu einer politischen Mündigkeit erziehen.[2] Die historische Urteilskompetenz stellt einen unverzichtbaren Bestandteil eines reflektierten Geschichtsbewusstseins dar, dessen Ausbildung von der modernen Geschichtsdidaktik als übergreifendes Ziel jeglichen Geschichtsunterrichts angesehen wird.[3]

Wichtige Ereignisse aus der Vergangenheit und deren Folgen begleiten uns durchs tägliche Leben und sind sowohl Teil unserer politischen Systeme, als auch deren Werte- und Moralvorstellungen. Geschichte wird auch gerade durch die prozessbezogene Kompetenz der Beurteilung und Bewertung wichtig für die gegenwärtige und zukünftige Lebenswelt der Schüler.[4] Schließlich werden viele nationale und internationale Entscheidungen in der gegenwärtigen Politik historisch begründet, um nach Möglichkeit Konflikte und Probleme aus der Vergangenheit zu vermeiden. Um dies nachvollziehen zu können, bedarf es an historischem Allgemeinwissen, welches sich aus verschiedenen geschichtlichen Daten und Fakten zusammensetzt, welche im Geschichtsunterricht vorgestellt und behandelt werden müssen.[5]

Damit die Schüler befähigt werden sich aktueller und zukünftiger gesellschaftlicher Probleme anzunehmen, müssen den Lernenden Räume für eigene reflektierte und problembewusste Stellungnahmen zugestanden werden. Auf diese Weise wird eine kompetenzorientierte Beschäftigung mit historischer Werturteilsbildung angeregt und gefördert. Der Geschichtsunterricht hat einen Beitrag dazu zu leisten, Schüler zu politisch reflektierenden Bürgern auszubilden, welche die Kompetenz zum historischen Urteilen erworben haben. Kritische Werturteilsbildung der Schüler soll also auf das Leben in einer pluralistischen und demokratischen Gesellschaft vorbereiten.[6]

---

[1] Aus Gründen der Vereinfachung und besseren Lesbarkeit werden im Folgenden ausschließlich die männlichen Formen gewählt, dabei sind jedoch stets beide Geschlechter gemeint.
[2] Vgl. Gautschi, Geschichte lehren, S. 166.
[3] Vgl. Rüsen, Werturteile im Geschichtsunterricht, S. 304f./ Pandel, Geschichtsunterricht nach PISA, S. 8 ff.
[4] Vgl. Niedersächsisches Kultusministerium, Kerncurriculum für die Realschule Geschichte, S. 14.
[5] Vgl. Becker, Historische Urteilsbildung, S. 316.
[6] Vgl. Conrad, Werturteilskompetenz, S. 20.

Karl-Ernst Jeismann fasst dies wie folgt zusammen: „Die Frage an den Geschichtsunterricht ist, ob er die Schüler in hinreichendem Maße fähig macht, mit solchen gegenwärtigen und künftigen, mit historischer Autorität daherkommenden Ansprüchen auf eine vernünftige, d.h. sein eigenes Urteil ermöglichende Weise umzugehen."[7]

Im Folgenden soll geklärt werden, worum es sich bei einem historischen Werturteil handelt, wie dies begründet wird und wie die Didaktik Werturteilskompetenzen im Geschichtsunterricht behandelt.

2. Was ist unter einem historischen Werturteil zu verstehen?

Die Geschichtsdidaktik hat im Laufe der Zeit zahlreiche Denkanstöße zu historischen Werturteilen gegeben, doch bislang keine präzise, differenzierte und allgemein anerkannte Definition der Begriffe ‚historische Werturteilskompetenz' bzw. ‚historische Urteilsbildung' entwickelt. Bis in die heutige Zeit prägen die in den 1970er Jahren erschienen Aufsätze, wie die von Karl-Ernst Jeismann und die daran anknüpfenden Arbeiten von Jörn Rüsen, die gegenwärtige Geschichtsdidaktik.[8] Nach der Definition von Max Weber (1973) sollen unter politisch-historischen Wertungen „ ‚praktische' Bewertungen einer durch unser Handeln beeinflussbaren Erscheinung als verwerflich oder billigenswert verstanden"[9] werden. Seit Weber in den 1970er Jahren verschiedene Definitionen zu Werturteilen im politischen und geschichtlichen Kontext aufgestellt hat, werden diese auch in der Geschichtsdidaktik diskutiert. Das Fazit war, dass der gegenwärtige und zukünftige Geschichtsunterricht ohne politische und moralische Werturteile nicht auskommt kann.[10]

In Anlehnung an die Überlegungen von Jeismann unterscheidet die Geschichtsdidaktik üblicherweise zwei Arten historischer Urteile, und zwar historische Sachurteile und historische Werturteile: Unter einem historischen Sachurteil ist die Beurteilung von geschichtlichen Handlungen, Ereignissen und Prozessen im historischen Kontext zu verstehen.[11] Unter einem historischen Werturteil versteht man die Bewertung historischer

---

[7] Jeismann, Geschichtsbewusstsein, S. 51f.
[8] Vgl. Jeismann, Didaktik der Geschichte, S. 50f.
[9] Weber, Der Sinn der „Wertfreiheit" der Sozialwissenschaften, S. 263.
[10] Vgl. Völkel, Wie kann man Geschichte lehren?, S. 97f.
[11] Vgl. Jeismann, Didaktik der Geschichte, S. 58

Entscheidungen, Handlungen oder Ideen von Personen, Gruppen oder Institutionen unter Bezug auf bestimmte Normen, Maßstäbe und Prämissen.[12]

Historische Werturteile bewerten historisches Handeln, Nichthandeln, Motive, Ziele, Argumente oder Ideen von Personen, Gruppen oder Institutionen unter explizitem oder implizitem Bezug auf bestimmte Werte, Normen und Maßstäbe. Diese Werturteile gehen von einem persönlichen Standpunkt aus und sind daher an die urteilende Person gebunden, d.h. sie sind subjektiv, obgleich nicht ausschließlich individuell geprägt, sondern auch stark von den jeweils gegenwärtigen Lebensverhältnissen der urteilenden Person, hauptsächlich durch die gesellschaftlich akzeptierten und vorherrschenden Normen- und Wertesystemen beeinflusst.[13]

Des Weiteren beziehen sich historische Werturteile auf die Gegenwart des Urteilenden, auf die zum Urteilszeitpunkt anerkannten bzw. die vom Urteilenden präferierten Normen und Werte. Das umfasst außerdem den reflexiven Umgang mit neuen Problemstellungen, den eingesetzten Methoden und gewonnenen Erkenntnissen, um zu eigenständigen Begründungen, Folgerungen, Deutungen und Wertungen zu gelangen. Dazu sind vor allem Leistungen der Reflexion und Fähigkeiten zur Problemlösung nötig. „Im Geschichtsunterricht sollen die Lernenden erkennen, dass sie mit gegenwärtigen Maßstäben an historische Akteure herangehen und die Maßstäbe ihrer Bewertung reflektieren."[14] Dies beinhaltet die Entfaltung einer strukturierten, multiperspektivischen und problembewussten historischen Argumentation, die Diskussion historischer Sachverhalte und Probleme und das Reflektieren der eigenen Urteilsbildung unter Beachtung historischer bzw. gegenwärtiger ethischer, moralischer und normativer Kategorien.[15]

Diese Urteile sind durch eine bestimmte Qualität ihrer Begründungen definiert. Das Ziel der Urteilsbildung besteht in der Initiierung eines Prozesses, nicht dem Erreichen eines bestimmten Ergebnisses. Dazu müssen prinzipiell mehrere begründete Stellungnahmen möglich sein.[16]

---

[12] Vgl. ebd., S. 81.
[13] Vgl. Hampel, Historische Urteilskompetenz als Ziel des Geschichtsunterrichts, S. 17.
[14] Conrad, Werturteilskompetenz, S. 20.
[15] Vgl. Sauer, Geschichte unterrichten, S. 69.
[16] Vgl. Kayser, Urteilsbildung im Geschichts- und Politikunterricht, S. 10.

3. Werturteilskompetenz im Geschichtsunterricht

„Der Schüler muss wissen, dass man es sich mit dem Urteilen nicht leicht machen darf und dass ihm stets das Verstehen und Begreifen vorausgehen muss."[17] Urteilsbildung steht im Zentrum des dritten und anspruchsvollsten Anforderungsbereiches der schulischen Ausbildung im gesellschaftswissenschaftlichen Aufgabenfeld. Ein qualifiziertes Urteil fällen zu können gilt als die Grundlage, um am politischen Leben der Gesellschaft teilnehmen zu können.[18]

Im Lehrplan Geschichte werden für die Jahrgangsstufen 5 bis 10 vier Kompetenzbereiche unterschieden: ‚Sachkompetenz', ‚Methodenkompetenz', ‚Urteilskompetenz' und ‚Handlungskompetenz'. Die historische Urteilskompetenz beinhaltet die Fähigkeit sich aus verschiedenen Perspektiven mit historischen Sachverhalten auseinanderzusetzen; ein argumentativ begründetes Urteil zu formulieren; und zeitgenössische bzw. gegenwärtige Perspektiven zu unterscheiden.[19] Eng Verbunden mit der historischen Urteilskompetenz ist die historische Sachkompetenz. Sie beschreibt die Fähigkeit, über fachliche Begriffe und Kategorien verfügen zu können. Dazu gehören auch Kenntnisse in den grundlegenden Zeitvorstellungen und Datierungssystemen und das Vermögen historische Abläufe, Strukturen und Ereignisse sowohl zu kennen als auch darzustellen, also Zusammenhänge zu untersuchen und herzustellen.[20]

Die Werturteilskompetenz umfasst sowohl perspektivische Deutungen und Wertungen historischer Ereignisse, wie auch die daraus resultierende Entwicklung von Konsequenzen für die Gegenwart. Schüler sollen also lernen, die Gültigkeit von Intentionen und Handeln historischer Akteure nach zeitgenössischen und gegenwärtigen Wertmaßstäben zu beurteilen und diese Urteile voneinander zu unterscheiden. Bewertungsgrundlagen sind in diesen Fall die Menschenrechte und Werte wie Freiheit oder Gerechtigkeit.[21]

Dabei geht es bei der Bildung historischer Werturteile im Geschichtsunterricht um Fragen folgender Art: „Wie bewerte ich in meiner heutigen Situation, auf der Basis der von mir anerkannten und befürworteten Normen, Werte und Regeln das Verhalten, das Motiv, die Idee etc. einer bestimmten Person oder Gruppe zu einer bestimmten Zeit?"[22] Beispiele für entsprechende unterrichtliche Aufgabenstellungen sind unter anderem: „Wie kam es zu den

---

[17] Rohlfes, Geschichte und ihre Didaktik, S. 279.
[18] Vgl. Kayser, Urteilsbildung im Geschichts- und Politikunterricht, S. 3.
[19] Vgl. Niedersächsisches Kultusministerium, Kerncurriculum für die Realschule Geschichte, S. 14.
[20] Vgl. Günther-Arndt, Umrisse einer Geschichtsmethodik, S.16.
[21] Vgl. Rüsen, Werturteile im Geschichtsunterricht, S. 304.
[22] Gosmann, Überlegungen zum Problem der Urteilsbildung im Geschichtsunterricht, S. 81.

Judenpogromen im Mittelalter, wie wurden sie gerechtfertigt? Ist unsere Gegenwart humaner?", „Sollen ehemalige Mitarbeiter der Stasi führende Posten in der Politik im vereinten Deutschland einnehmen?" oder „Ist das Verhalten der Deserteure aus der NS-Wehrmacht vor dem Hintergrund gegenwärtig anerkannter Wertsysteme als vorbildlich anzusehen?"[23] Vergangene Handlungen, Motive, Ideen werden also aus der Gegenwart des Urteilenden bewertet, die gedankliche Auseinandersetzung mit Fragen der genannten Art im Geschichtsunterricht zielt auf die Förderung einer kritischen Werturteilskompetenz als Basis der Orientierungsfähigkeit in Gegenwart und Zukunft.[24]

Die historische Urteilskompetenz wird in den Lehrplänen der verschiedenen Bundesländer ähnlich definiert. Hauptmerkmal bildet jeweils die Unterscheidung zwischen Sach- und Werturteilen sowie die Bewusstmachung des Unterschieds zwischen beiden Kategorien für die Schüler. Auf der Sachurteilsebene soll die Kompetenz entwickelt werden, historische Akteure im Kontext zu deuten.[25] Die angestrebte Werturteilskompetenz umfasst hingegen sowohl perspektivische Deutungen und Wertungen historischer Ereignisse wie auch das daraus resultierende Ableiten von Konsequenzen für die Gegenwart.

Der Niedersächsische Lehrplan beschreibt die für den Schüler aus diesem Lernprozess entstehenden positiven Auswirkungen auf dessen Wahrnehmung und Auseinandersetzung mit Menschen und Phänomenen[26] in der Rubrik Beurteilung und Bewertung zum Thema Bauernkrieg und Dreißigjähriger Krieg folgendermaßen: „Die Schüler vergleichen unterschiedliche Rechtfertigungen in heutigen kriegerischen Auseinandersetzungen mit religiösem Hintergrund mit denen aus Bauernkrieg und Dreißigjährigem Krieg."[27]

Methodisch sollte ein Geschichtsunterricht mit dem vorrangigen Ziel der Ausbildung historischer Werturteilskompetenz so konzipiert werden, dass Schüler mehrere Sichtweisen des zu bewertenden historischen Sachverhalts kennenlernen. Dies setzt das Arbeiten mit multiperspektivischen Quellen und kontroversen Darstellungen voraus, deren sprachliches und inhaltliches Anspruchsniveau eine Analyse durch Schüler der betreffenden Jahrgangsstufe zulässt. Dazu müssen die Schüler befähigt werden, den historischen Kontext hinreichend überblicken und beurteilen zu können, die Werturteile sind also durch fundierte Sachanalysen und Sachurteile vorzubereiten.[28] In Bezug auf das weiter unten angeführte Beispiel aus dem Themenkomplex „Reformation, Bauernkrieg und

[23] Vgl. Conrad, Werturteilskompetenz, S. 21.
[24] Vgl. Jahr, Erinnern und Urteilen, S. 261.
[25] Vgl. Conrad, Perspektivübernahme, S. 3.
[26] Vgl. Kayser, Urteilsbildung im Geschichts- und Politikunterricht, S. 22f.
[27] Vgl. Niedersächsisches Kultusministerium, Kerncurriculum für die Realschule Geschichte, S. 25.
[28] Vgl. Lücke, Multiperspektivität, S. 282f.

Dreißigjähriger Krieg" wäre also darauf zu achten, dass unter anderem die Situation der Bauern und der ärmeren Bevölkerungsteile und die Kritik an der Katholischen Kirche ausreichend realisiert werden.

Um eine Übertragbarkeit auf andere Bewertungsfragen zu erleichtern, sollen durchlaufene Prozesse der historischen Werturteilsbildung methodisch reflektiert werden. In diesem Zusammenhang ist es wichtig, die Schüler dahingehend zu motivieren, dass sie ihre Bewertungen ausführlich begründen und ihre Bewertungskriterien offenlegen. Sie müssen auch die Möglichkeit erhalten, ihre eigenen Wertungen zur Diskussion zu stellen und durch Vergleiche mit anderen Urteilen zu überprüfen und ggf. zu revidieren. Die historische Urteilskompetenz soll als wesentliches Ziel des Lernprozesses und die Werturteilsbildung als essentieller Kern der aktuellen Unterrichtsaktivitäten erfahren werden. Dazu ist es unabdingbar, dass die Schüler ausreichend Unterrichtszeit für alle Schritte der Urteilsbildung erhalten.[29]

In einem kompetenzorientierten Geschichtsunterricht der Jahrgänge 5/6, bei dem die historische Werturteilskompetenz im Zentrum der Didaktik steht, sollen Schüler Wertvorstellungen von Menschen aus der Vergangenheit beschreiben; frühere und gegenwärtige Wertesysteme auf Gemeinsamkeiten und Unterschiede untersuchen; Beispiele für grundlegende humanitäre und moralische Normen kennen und sich schließlich der Gegenwartsgebundenheit ihrer eigenen Werte bewusst machen.[30] Der Lehrplan für diese Altersstufe sieht unter anderem die Beurteilung und Bewertung des Abhängigkeitsverhältnisses zwischen Bauern und Grundherren vor.[31]

In einem kompetenzorientierten Geschichtsunterricht der Sekundarstufe I, bei dem ebenfalls die historische Werturteilskompetenz im Zentrum der Didaktik steht, sollen Schüler zu den bereits oben genannten Fähigkeiten entwicklungsgemäß eine erweiterte Kompetenz erwerben. Somit verfügen Schüler am Ende der Sek I über historische Werturteilskompetenzen, wenn sie beispielbezogen und auf altersgemäßem Niveau imstande sind, ethische, moralische und normative Kategorien einer freiheitlich-demokratischen Grundordnung anzuwenden und dabei eigene Wertmaßstäbe zu reflektieren und vorliegende Bewertungen hinsichtlich der ihnen zu Grunde liegenden Normen und Werte zu analysieren.[32] Des Weiteren sollen sie geschichtliche und gegenwärtige Wertvorstellungen im Hinblick auf Gemeinsamkeiten und Unterschiede

---

[29] Vgl. Fürnrohr, Ansätze einer problemorientierten Geschichtsdidaktik, S. 41f.
[30] Vgl. Hoffmann, Gegenwart ist Vergangenheit, S. 18f.
[31] Vgl. Niedersächsisches Kultusministerium, Kerncurriculum für die Realschule Geschichte, S. 21.
[32] Vgl. Hampel, Historische Urteilskompetenz als Ziel des Geschichtsunterrichts, S. 19f.

vergleich können, grundlegende humanitäre und moralische Normen nennen und zur Begründung von Werturteilen verwenden können, und so zu einem durch Argumente und Objektivität begründeten Werturteil gelangen.[33]

Dazu gehört die Bearbeitung von Aufgabenstellungen, welche die Beurteilung einer geschichtlichen Entscheidung vor dem Hintergrund der gegebenen historischen Handlungsmöglichkeiten verlangt sowie die Fähigkeit, aus Quellentexten Gemeinsamkeiten von und Unterschiede zwischen verschiedenen Wertungen herauszuarbeiten und in Quellen vorliegende Bewertungen hinsichtlich der ihnen zu Grunde liegenden Normen und Werte zu analysieren.[34] Die Bezugnahme auf die im Unterrichtsgeschehen relevanten Werte entsteht in zweifacher Weise:

a) in der indirekten Wertung bei der Auswahl von Unterrichtsinhalten (Inhalte) und

b) in der direkten Wertung bei der Beurteilung dieser Inhalte im Geschichtsunterricht (Werte).

Die Beschäftigung mit den Kriterien der Inhaltsauswahl führt dabei zur Frage nach der ‚Objektivität' der historischen Erkenntnis und bildet eine wichtige Bewertungsgrundlage.[35]

Die Entstehung des direkten Werturteils wird anhand eines ‚idealtypischen' Entwurfs verdeutlicht, der die verschiedenen Stufen der Entwicklung nennt:

1. die Erkenntnis des individuellen Wirklichen,
2. die Generalisierung durch historische Begriffe,
3. das Sachurteil (z.B. das Kausalurteil, der Nachvollzug der in der Zeit vorausgesetzten Werte in ihrer Bedingtheit, die Überprüfung der Zweck-Mittel-Relation) und schließlich
4. das Werturteil, also die Beurteilung des historischen Stoffes mit leitenden Werten unserer Zeit (z.B. Menschen- und Grundrechte).

Beachtet werden muss bei den in diesem Kontext abgegebenen Werturteilen, dass die Wertbestimmungen, aufgrund derer geurteilt wird, offengelegt werden und auch, dass der Wertehorizont zuvor aufgebaut werden muss (affektive Lernziele).[36]

---

[33] Vgl. Becker, Historische Urteilsbildung, S. 322.
[34] Vgl. Rüsen, Werturteile im Geschichtsunterricht, S. 310f.
[35] Vgl. Niemetz, Lexikon für den Geschichtsunterricht, S. 213f.
[36] Vgl. ebd., S. 214f.

4. Luther und der Bauernaufstand – Ein praxisbezogenes Beispiel

Nach dem niedersächsischen Kerncurriculum soll in der Klassenstufe 7/8 Realschule zum Thema „Reformation, Bauernkrieg und Dreißigjähriger Krieg" im Bereich Werturteilskompetenz die Frage diskutiert werden, „ob Gewalt ein legitimes Mittel zur Beseitigung gesellschaftlicher Missstände ist."[37]

4.1. Geschichtlicher Hintergrund

Martin Luther war Mönch und Theologieprofessor an der Universität Wittenberg. 1517 veröffentlichte er in einer Schrift seine Kritik an den Missständen in der Katholischen Kirche, besonders am Ablasshandel (durch den Kauf einer „Ablassbescheinigung" wurde im Jenseits die Strafe für begangene Sünden erlassen).[38] Die Glaubenslehre, dass die Gläubigen nur mit Hilfe der Kirche ihr Seelenheil erlangen könnten, brandmarkte er als Irrlehre. In seiner 1520 veröffentlichten Schrift „Von der Freiheit eines Christenmenschen" vertrat er den Standpunkt, dass der Mensch nur durch Gottes Gnade das Seelenheil erlangen könne und nur das geglaubt werden solle, was in der Bibel steht.[39]

Luthers Thesen verbreiteten sich schnell im gesamten Deutschen Reich. Er löste damit eine religiöse Bewegung aus, der sich selbst viele Fürsten anschlossen. Als er sich dem Papst gegenüber weigerte, seine Thesen zurückzunehmen, wurde er mit dem Kirchenbann belegt. Auch dem Kaiser, der die religiöse Einheit des Reiches erhalten wollte, widersetzte sich Luther. Daraufhin sprach Kaiser Karl V. die Reichsacht gegen ihn aus und der sächsische Kurfürst Friedrich der Weise versteckte Luther dann auf der Wartburg, wo dieser das Neue Testament vom Lateinischen ins Deutsche übersetzte. [40]

Der Text dieser Bibelübersetzung und Luthers Schrift „Von der Freiheit des Christenmenschen" wurden zu einer wesentlichen Rechtfertigung für ärmere Bevölkerungsschichten, gegen ihre erbärmliche Situation und die Forderungen der Obrigkeit zu rebellieren. Besonders die aufständischen Bauern bezogen sich auf Martin Luther. Sowohl die kirchlichen als auch die weltlichen Grundherren hatten ihre Ansprüche auf Dienstleistungen und Besitz mit dem Willen Gottes begründet. In der Bibel fanden sich

---

[37] Vgl. Niedersächsisches Kultusministerium, Kerncurriculum für die Realschule Geschichte, S. 25.
[38] Vgl. Blickle, Der Bauernkrieg, S. 24f.
[39] Vgl. Blickle, Die Revolution von 1525, S. 24f.
[40] Vgl. Blickle, Der Bauernkrieg, S. 34.

aber keine Rechtfertigungen für die Einschränkung der bäuerlichen Rechte durch die Obrigkeit.[41]

1524 begannen die Bauernaufstände in Süddeutschland und breiteten sich 1525 über das ganze Deutsche Reich aus. Die aufständischen Bauern plünderten und brandschatzten mehr als 1000 Klöster und weltliche Herrschaftssitze wie Burgen und Schlösser, über 150 Städte und Ortschaften wurden erobert. Gefangene Vertreter der Obrigkeit wurden dabei meistens umgebracht. Martin Luther selber wollte lediglich eine Reformation der Kirche und des Glaubens erreichen und keinen Umsturz der Gesellschaftsordnung.[42] Er distanzierte sich zwar nicht eindeutig von den Forderungen der Bauern, aber von ihren kriegerischen Handlungen. Luther sprach sich vehement gegen die Gewalttaten der Bauern aus und veröffentlichte 1525 die Schrift „Wider die räuberischen und mörderischen Rotten der Bauern". Darin rief er die Obrigkeit dazu auf, mit ‚gutem Gewissen' gegen die Bauern vorzugehen: „Darum, ihr lieben Herren: Steche, schlage, würge hier wer kann." Der Protestantismus Luthers vertrat somit die herrschenden gesellschaftlichen Verhältnisse und den Gehorsam gegenüber der Obrigkeit.[43]

4.2. Bedeutung des Themas für die Werturteilskompetenz

Das Thema „Martin Luther und die Bauernkriege" bietet ausreichend Ansatzpunkte für den Unterricht, um verschiedene Ansichten und moralische Grundsätze zu formulieren. Dabei wird es deutlich, dass eine genügende historische Sachurteilskompetenz Voraussetzung dafür ist, die Kontroverse Kirche, Religion und Gesellschaftsordnung korrekt zu verstehen, um sowohl den Standpunkt Luthers als auch die Situation der Bauern berücksichtigen zu können und so zu einer durchdachten Wertung zu gelangen.[44]

Die Schüler verfügen in der Sek I über Verfahren, historische Phänomene in den Kontexten ihrer jeweiligen Zeit und Gesellschaft zu verstehen und zu unterscheiden, sich mit unterschiedlichen (auch kontroversen) Sichtweisen auseinanderzusetzen, aber auch Möglichkeiten und Grenzen menschlichen Handelns in jener Zeit zu beurteilen und das Problem der Zeitbedingtheit und Dauerhaftigkeit von Wertmaßstäben zu beachten. Die Schüler sind somit auch in der Lage, ein auf Sachurteilen fußendes Werturteil zu formulieren. Sie sind in der Regel auch fähig, normative Einordnungen auf historische

---

[41] Vgl. Blickle, Die Revolution von 1525, S. 28.
[42] Vgl. Blickle, Der Bauernkrieg, S. 36f.
[43] Vgl. Meyer, "Stich, schlag, würg hier, wer da kann", S. 122f.
[44] Vgl. Niedersächsisches Kultusministerium, Kerncurriculum für die Realschule Geschichte, S. 25.

Sachverhalte anzuwenden und eigene Wertmaßstäbe zu reflektieren.[45] Die hierbei geltenden Qualitätskriterien sind objektive Angemessenheit, innere Stimmigkeit und hinreichende Wichtigkeit von Begründungen. Für die Klassenstufen 7/8 der Realschule ist zu erwarten, dass sie in der Lage sind, die heutige ethische Perspektive auf der Basis der Menschenrechte und der freiheitlich-demokratischen Grundordnung in eine Wertung mit einzubeziehen und eine persönliche Wertung nicht allein aus einem rein gefühlsmäßigen Rechtsempfinden heraus zu begründen.[46]

Im Rahmen der curricularen Fragestellung „Ist Gewalt ein legitimes Mittel zur Beseitigung gesellschaftlicher Missstände?" bieten sich ausreichende Möglichkeiten für Aufgabenstellungen an, die diese Voraussetzungen berücksichtigen und die Reflektion eigener Wertmaßstäbe anregen. Zu nennen wären als einige Beispiele für Arbeitsthemen: Der Konflikt zwischen Glaubens- und Religionsfreiheit und der feudalen Gesellschaftsordnung, eine unterschiedliche Bewertung der Forderungen der aufständischen Bauern einerseits und ihrer Aktionen zur Durchsetzung dieser Forderungen andererseits, die Rechtsentwicklung von 1524 bis zur Gegenwart unter dem Aspekt der historischen und der heutigen Wertevorstellungen oder der Vergleich von Martin Luther und Thomas Münzer. Auch die Auseinandersetzung mit den 12 Artikeln der Christlichen Vereinigung der Bauern von 1525 bietet eine adäquate Grundlage zur Förderung der Werturteilskompetenz im Hinblick auf die gegenwärtige ethische Perspektive und unser gesellschaftliches Normensystem sowie die allgemeine Gültigkeit der Menschenrechte. Dabei kann ebenfalls die Zeitbedingtheit bzw. die Dauerhaftigkeit von Wertmaßstäben berücksichtigt werden.

Fazit

Die Lehrpläne für das Fach Geschichte werden unter anderem in der Absicht erstellt, die kritische Urteilsbildung der Schüler zu fördern und sie dadurch auf das Leben in einer pluralistischen und demokratischen Gesellschaft vorzubereiten. Die Lernenden sollen dazu befähigt werden „die Legitimität von Intentionen und Handeln historischer Akteure nach zeitgenössischen und gegenwärtigen Wertmaßstäben zu beurteilen und diese Urteile voneinander zu unterscheiden."[47]

---

[45] Vgl. Hampel, Historische Urteilskompetenz als Ziel des Geschichtsunterrichts, S. 35f.
[46] Vgl. Conrad, Werturteilskompetenz, S. 22f.
[47] Conrad, Perspektivübernahme, S. 3.

Ein moderner Geschichtsunterricht muss diese Kriterien erfüllen, um seinem Auftrag gerecht zu werden. Ein Geschichtsunterricht ohne historische Wertung ist auch gar nicht denkbar, denn Geschichte ist immer auch perspektivisch.[48] Von diesem Standpunkt aus betrachtet, ist Werturteilskompetenz im Unterricht von entscheidender Wichtigkeit, da Schüler Geschichte in Bezug auf ihr eigenes Geschichtsverständnis deuten. Individuelle Meinungen sollen möglichst aus begründeten Urteilen und ausgewogenen Diagnosen entstehen, welche im Zusammenhang von Ursachen, Folgen und Wirkungen entwickelt und gedacht werden. Dadurch werden die Lernenden in die Lage versetzt, in alternativen Lösungen zu denken, zu beurteilen, zu bewerten und zu begründen.[49]

In Beziehung zum Geschichtsunterricht ergeben sich bestimmte Anforderungen sowohl an die Schüler als auch an die Lehrer. Die Schüler müssen motiviert sein, nicht nur eine rein repetitive Lernhaltung einzunehmen, sondern eigene Ideen und Ansätze zu entwickeln und Quellen selbständig zu bearbeiten. Das erfordert ein höheres Maß an Selbstverantwortung als eine Unterrichtsweise, bei der der Erwerb von Urteilskompetenz nicht im Mittelpunkt steht.

Die Herausforderung für den Geschichtslehrer besteht darin, in einem modernen Geschichtsunterricht eine veränderte Rolle einzunehmen. Der Lehrer ist demnach nicht mehr der Vermittler einer monoperspektivischen Geschichtsauffassung, wie es in einem ‚traditionellen Geschichtsunterricht' lange Zeit üblich war.[50] Er wird zum Moderator, Berater und Mitgestalter einer multiperspektivischen Geschichtsbildung. Trotz dieser Änderungen bleiben wichtige traditionelle Elemente der Lehrerrolle, wie Fachkompetenz, didaktische Fähigkeiten und die abschließende Entscheidung über die Relevanz von Inhalten.[51] Der Lehrer muss auftretende Probleme der Schüler erkennen und ihnen Denkanstöße geben, die Reflexion ihrer Lernprozesse sowie die Zielerreichung kontrollieren und eventuell nachsteuern. Im Großen und Ganzen ist zu erwarten, dass die von den Lehrplänen geforderte Kompetenzorientierung zu einer interessanten Unterrichtsgestaltung und einer größeren Motivierung der Schüler führt.[52]

---

[48] Vgl. Fürnrohr, Ansätze einer problemorientierten Geschichtsdidaktik, S. 42.
[49] Vgl. Gautschi, Guter Geschichtsunterricht, S. 49f.
[50] Vgl. Lücke, Multiperspektivität, S. 281f.
[51] Vgl. Werner, Geschichte, S. 45f.
[52] Vgl. Schulz-Hageleit, Grundzüge geschichtlichen und geschichtsdidaktischen Denkens, S. 20.

Literaturverzeichnis

- Becker, Axel: Historische Urteilsbildung. In: Barricelli, Michele/ Lücke, Martin

(Hrsg.): Handbuch. Praxis des Geschichtsunterrichts. Schwalbach/ Ts. 2012.

- Blickle, Peter (Hrsg.): Der Bauernkrieg. Die Revolution des Gemeinen Mannes.

München 2012.

- Blickle, Peter (Hrsg.): Die Revolution von 1525. München 2004.

- Conrad, Franziska: Perspektivenübernahme, Sachurteil und Werturteil. In: Geschichte

lernen, Heft Nr. 139 (2011): Kompetenzorientiert unterrichten.

- Conrad, Franziska: Werturteilskompetenz. In: Geschichte lernen, Heft Nr. 139 (2011):

Kompetenzorientiert unterrichten.

- Fürnrohr, Walter: Ansätze einer problemorientierten Geschichtsdidaktik. Eine

Einführung. Bamberg 1978.

- Gautschi, Peter (Hg.): Geschichte lehren. Lernwege und Lernsituationen für

Jugendliche. Aargau 2000.

- Gautschi, Peter: Guter Geschichtsunterricht. Grundlagen, Erkenntnisse, Hinweise.

Schwalbach/Ts. 2009.

- Gosmann, Winfried: Überlegungen zum Problem der Urteilsbildung im

Geschichtsunterricht. In: Bergmann, Klaus/ Rüsen, Jörn (Hg.): Geschichtsdidaktik.

Theorie für die Praxis. Düsseldorf 1978.

- Günther-Arndt, Hilke: Umrisse einer Geschichtsmethodik. In: Günther-Arndt, Hilke

(Hg.): Geschichtsmethodik. Handbuch für die Sekundarstufe I und II. Berlin 2007.

- Hampel, Stefan: Historische Urteilskompetenz als Ziel des Geschichtsunterrichts. In:

LVR-Zentrum für Medien und Bildung Medienzentrum für die Landeshauptstadt

Düsseldorf (Hrsg.): Geschichte wird gemacht! Medienbrief. Düsseldorf 2012.

- Hoffmann, Frank: Gegenwart ist Vergangenheit. In: LVR-Zentrum für Medien und Bildung Medienzentrum für die Landeshauptstadt Düsseldorf (Hrsg.): Geschichte wird gemacht! Medienbrief. Düsseldorf 2012.

- Jahr, Friedrich: Erinnern und Urteilen. In: Süssmuth, Hans (Hrsg.): Geschichtsdidaktische Position. Paderborn 1980.

- Jeismann, Karl-Ernst: Didaktik der Geschichte. Das spezifische Bedingungsfeld des Geschichtsunterrichts. In: Behrmann, Günter C. (Hrsg.): Geschichte und Politik. Didaktische Grundlegung eines kooperativen Unterrichts. Paderborn 1978.

- Jeismann, Karl-Ernst: "Geschichtsbewusstsein" als zentrale Kategorie der Didaktik des Geschichtsunterrichts. In: Jacobmeyer, Wolfgang/ Schönemann, Bernd (Hrsg.): Geschichte und Bildung. Beiträge zur Geschichtsdidaktik und zur historischen Bildungsforschung. Paderborn 2000.

- Kayser, Jörg/ Hagemann, Ulrich (Hg.): Urteilsbildung im Geschichts- und Politikunterricht. Bonn 2005.

- Lücke, Martin: Multiperspektivität, Kontroversität, Pluralität. In: Barricelli, Michele/ Lücke, Martin (Hrsg.): Handbuch. Praxis des Geschichtsunterrichts. Schwalbach/ Ts. 2012.

- Meyer, Hans (Hrsg.): "Stich, schlag, würg hier, wer da kann". Luthers Antwort auf den Bauernaufstand von 1525. München 1999.

- Niedersächsisches Kultusministerium (Hrsg.): Kerncurriculum für die Realschule Schuljahrgänge 5 – 10 Geschichte. Hannover 2008.

- Niemetz, Gerold (Hsrg.): Lexikon für den Geschichtsunterricht. Definitionen, Fakten, Tendenzen, Stellenwert, Unterrichtspraxis mit Beiträgen zum Politikunterricht. Würzburg 1984.

- Pandel, Hans-Jürgen (Hrsg.): Geschichtsunterricht nach PISA. Kompetenzen, Bildungsstandards und Kerncurricula. Schwalbach/Ts. 2005.

- Rohlfes, J. (Hrsg.): Geschichte und ihre Didaktik. Göttingen 1997.

- Rüsen, Jörn: Werturteile im Geschichtsunterricht. In: Bergmann, Klaus/ Fröhlich, Klaus/ Kuhn, Annette/ Rüsen, Jörn (Hrsg.): Handbuch Geschichtsdidaktik. Seelze-Velber 1997.

- Sauer, Michael (Hrsg.): Geschichte unterrichten. Eine Einführung in die Didaktik und Methodik. Seelze-Velber 2001.

- Schulz-Hageleit, Peter (Hg.): Grundzüge geschichtlichen und geschichtsdidaktischen Denkens. Frankfurt am Main 2002.

- Völkel, Bärbel (Hrsg.): Wie kann man Geschichte lehren? Die Bedeutung des Konstruktivismus für die Geschichtsdidaktik. Schwalbach/ Ts. 2002.

- Weber, Max: Der Sinn der „Wertfreiheit" der Sozialwissenschaften. In: Winkelmann, J./ Weber, Max (Hrsg.): Universalgeschichtliche Analysen – Politik. Stuttgart 1973.

- Werner, Johannes (Hg.): Geschichte. Grundlagen, Arbeitstechniken und Methoden. Freising 2000.